RECUEIL

DE

GRAMMAIRE ARABE

ET ITALIENNE.

RECUEIL

DE

GRAMMAIRE

ARABE ET ITALIENNE

TRADUITE EN FRANÇAIS

Précédée de Détails sur les Campagnes de l'Armée d'Egypte

PAR

M. PAUL VERGÉ

Instituteur primaire

et ex-interprète de cette Langue dans l'Armée d'Egypte

TOULOUSE

IMPRIMERIE DE J. DUPIN, RUE DE LA POMME, 14.

1846

RECUEIL

DE

GRAMMAIRE ARABE

ET ITALIENNE

TRADUITE EN FRANÇAIS.

DÉTAILS

SUR LES CAMPAGNES DE L'ARMÉE D'ÉGYPTE.

Le sieur Paul VERGÉ, ancien interprète de l'armée d'Egypte, instituteur primaire, breveté depuis le 16 mai 1816, par l'académie de Toulouse, a bien voulu, aux heures disponibles de son état, donner au public un recueil de grammaire arabe et italienne, avec traduction en français, qui explique les termes arabes, pour compter cent, mille, million, etc. Il est fort essentiel pour la jeunesse de connaître la langue arabe, attendu qu'elle est en usage dans toutes les villes maritimes pour le commerce des nations de l'Europe, et notamment dans nos colonies françaises en Afrique, soit pour nos missionnaires de quel culte qu'ils soient, autorisés par nos lois, voulant aller prêcher la foi chrétienne vaisseaux de guerre et frégates. Nous fîmes voile vers notre destination. Nous eûmes en route des coups de vents très violents, qui mirent une partie de notre escadre en danger de périr, d'autres furent naufragées.

Après une longue navigation de trois mois, nous arrivâmes à l'île de Malte, où toute l'escadre mouilla. On disposa les troupes pour la descente. Après la conquête de l'île, on se disposa pour y tenir garnison. Les troupes maltaises et leur état major, furent incorporés à notre armée; et nous reprîmes le large, pour continuer notre route sur l'Egypte. Après quelques jours de navigation, nous arrivâmes sur la rive droite d'Alexandrie, où une partie de l'armée effectua sa descente, et le reste débarqua à la Tour des Arabes, distance de 5 lieues d'Alexandrie. Vers les cinq heures du soir, nous nous trouvâmes entourés de Mamelucks et d'Arabes. Le reste de la soirée se passa en tiraillement. Vers la pointe du jour, le général en chef Bonaparte fit ses dispositions, pour exterminer ce nuage de cavalerie. Après que le matériel de l'artillerie fut débarqué, on disposa l'artillerie qui fit un feu terrible sur l'ennemi. Le désordre fut si complet, qu'ils abandonnèrent tout. Alors l'armée continue sa marche, sans aucun obstacle, vers le fleuve du Nil et les Pyramides, qui séparent les provinces de la haute et basse Egypte; il se trouvait que l'ennemi avait formé un camp retranché sur la rive droite du Nil, à une lieue des Pyramides, garni de 50 pièces de canon, à l'effet de nous y attirer; mais Bonaparte, bien informé, fait manœuvrer l'armée, et la dirigea sur 7 carrés en présence de l'ennemi, qui était au nombre de 30 mille hommes de cavalerie, Mameloucks ou Arabes; nous restâmes près de cinq heures sans bouger; l'armée était perdue de soif dans un climat si chaud, et de fatigue. Heureusement que l'ennemi voyant que ces masses d'hommes ne voulaient point avancer, il résolut de nous charger; mais l'artillerie de chaque carré, chargée à double charge à mitraille, et la fusillade, dissipèrent dans un clin-d'œil ce nuage de cavalerie. Après être culbutés, ils furent encore ce réunir à une portée et demie de canon, à des citernes d'eau pour s'y rafraîchir avec leurs chevaux, attendu que l'armée mourait de soif. Nous restâmes dans la même situation. Vers une heure après, ils revinrent à la charge; après avoir pris du renfort, ils s'élancèrent de nouveau sur nous avec une vitesse sans pareille; mais ils ne furent pas moins bien reçus que la première fois. Cependant les voyant rebutés de la besogne, et l'armée pressée par la soif, Bonaparte fait rompre les carrés. Nous marchâmes en colonne sur le fleuve du Nil, distance d'un quart de lieue; armée, chevaux, tout s'élança dans le fleuve. Les habitants des villages voisins, qui avaient cultivé les terres du Nil, nous fournirent d'excellents melons-pastèques, et qui alimentèrent toute l'armée en attendant de faire avancer des vivres. Pendant que tout se passait de la sorte, tous les habitants des villages voisins, se lancèrent sur le champ de bataille, pour y prendre les dépouilles des morts et blessés, qu'ils enlevèrent après que l'armée se fût rafraîchie et qu'elle eût passé la nuit dans cette position.

Le général Kafarelly, commandant le génie, fit savoir à tous les nageurs, qu'on donnait une prime de 10 fr. pour passer de l'autre côté du fleuve, afin d'aller détacher les barques que l'ennemi avait laissées. Cet ordre donné, dans un moment il se trouva plus de 400 nageurs ; mais très peu arrivèrent, à cause de la largeur du fleuve, malgré qu'il fût peu rapide, par sa plaine immense. On parvint à force de patience et de soin, à ramener toutes les barques de notre côté, qu'on fait remonter jusqu'au faubourg de Zize, et en face du grand Caire. Le général du génie, fait établir de suite un pont volant sur le Nil, où l'armée passa avec son matériel. En entrant dans cette grande ville abandonnée, le plus grand soin de Bonaparte fut de faire une proclamation à l'armée, dont voici les termes :

Soldats, le peuple avec lequel nous allons vivre est mahométan ; malheur à celui qui s'écartera des usages du pays. Le premier qui enfreindra cet ordre sera puni de mort ; j'espère que vous vous comporterez comme vous l'avez fait avec le peuple d'Italie. Alors on s'occupa à cantonner la troupe. Le reste du temps se passa à régler la police de la ville, et à établir des moulins à vent sur des hauteurs, des hôpitaux militaires, et à faire des proclamations en arabe aux habitants ; en voici la traduction : Si l'armée française est passée en Egypte, ce n'a été que pour poursuivre et punir les ennemis de notre grand prophète Mahomet. La suite de cette proclamation flatta si bien les habitants du pays, qu'ils se livrèrent plus facilement aux Français. Pendant que tout se passait ainsi, les Anglais vinrent avec une forte escadre de vaisseaux de guerre détruire totalement notre escadre, qui, après avoir débarqué nos troupes, avait formé sa ligne près les côtes d'Alexandrie. Cette grande perte pour l'armée et pour la France ne fait que lui faire redoubler de courage. Vaincre ou périr, c'était sa seule ressource. Le projet de Bonaparte fut d'aller s'emparer de la Syrie ou Asie. A cet effet, il prit 15 mille hommes avec son parc d'artillerie, et un grand nombre de chameaux pour porter les vivres pour la traversée du désert de huit jours de marche, par des sables ardents.

Je n'étais pas demeuré tranquille témoin de la scène qui se passait dans l'armée. Mon plus grand soin fut, en arrivant au Caire, de me procurer une grammaire arabe et italienne chez les religieux du quartier Franc. Après avoir pris toutes les précautions auprès de ces religieux, je l'obtins; ils me recommandèrent de bien traduire l'arabe et l'italien en français. C'était ma seule ressource, pour me dérober à tant de périls, qui nous menaçaient. Alors j'employais toutes les heures disponibles que me laissait le devoir de mon état, à transcrire les deux langues. Comme je parlais très bien l'italien, je traduisais l'arabe en italien, et l'italien en français, et par ma grande application, je parvins, dans l'espace de trois mois, à parler très bien la langue arabe, au point que les habitants disaient que je n'étais pas français. La réputation que j'avais acquise de parler cette langue faisait que j'étais appelé souvent à l'état-major, pour lui faire des achats et tant d'autres renseignements, et j'étais très souvent invité par les gens du commerce, turc, à m'asseoir à leur table; ils m'entretenaient sur les guerres d'Europe. Lorsque les ordres du général en chef furent donnés, le corps d'armée se mit en marche pour traverser le désert; mais avant que de partir, l'armée fit ses provisions d'eau et tout ce qui était nécessaire pour la traversée du désert. Après m'être bien informé auprès des habitants, du péril de ce trajet, et me trouvant de cette expédition, je rejetai de mon porte-manteau tout mon linge, pour le garnir d'oranges, de citrons, en secret de mes camarades; car, en route, le convoi des chameaux fut attaqué par les Arabes, qui nous prirent ou endommagèrent beaucoup une partie des provisions. Enfin, le soir, au bivouac, la distribution d'eau manqua; à peine on en eut un verre par personne. On trouvait par temps, en creusant dans le sable, quelques gouttes de mauvaise eau, et moi pour me désaltérer, j'étais obligé de m'écarter de la colonne, pour prendre d'avance du porte-manteau quelque orange. Après m'être désaltéré, je revenais encourager mes camarades, que je croyais perdus de soif, sans oser leur faire part de mes provisions; car s'ils l'avaient su, ils m'auraient ôté la vie. Dans un danger si pressant que la soif, on se donnait la mort, ne pouvant plus résister à tant de souffrances. Bonaparte arriva dans ce moment avec son escorte, à laquelle il prodigua ses rafraîchissements, surtout aux plus moribonds; cependant l'approche du général fit qu'on prenait plus de courage. Le soir nous arrivâmes au village, appelé la *Riche*, qui était fortifié par un bastillon garni de mille cinq cents hommes de bonne troupe de Constantinople, commandée par un pacha déterminé. Le général de division Regnier, qui commandait la première division d'avant-garde, somma le pacha de se rendre; il ne voulut point entendre raison. Le général commande de prendre le village d'assaut; ce qui fut exécuté. Toutes les maisons se trouvèrent crénelées, et occasionnèrent un feu terrible. Dans ce moment, la 2ᵉ division arriva pendant la nuit; on mina le fort, on somma de nouveau le pacha de se rendre, et voyant qu'il allait sauter, il fit sa soumission sous des conditions défavorables. Après que sa troupe eût mis bas les armes, on la conduisit au bord de la mer, distance d'un demi-quart-d'heure, escortée par 4 pièces de canon chargées à mitraille, chargée de les mitrailler au bord de la mer; car la prise de ce village fit perdre plus de 500 hommes à notre division. Il était juste que cette troupe pérît, car on était embarrassé.

Après avoir rasé ce village, l'armée reprit sa marche sur Gaza, premier village de la Syrie, où le désert finit. Ce village est grand par son étendue, composé de vieilles masures, que les anciennes guerres des Croisades avaient détruit. De là l'armée se porta sur un autre village, entre Gaza et Jaffa en Galilée ou Palestine; elle bivouaqua dans un bois d'oliviers, pendant deux nuits, par un temps très mauvais, de pluie, de grêle.

Ce climat de la Syrie, tourne vers le nord de Constantinople. C'était avec grande peine qu'on pouvait arracher les pièces de canon de dedans la boue, par des chemins très raboteux. Arrivés devant Josaphat, on somma la place de se rendre, et sur son refus, le général en chef, ordonna à la division du général Kléber de battre en brèche les remparts, et se disposer à l'assaut. On fit savoir aux habitants chrétiens, de se rassembler du côté qu'on leur désigna. La troupe monta à l'assaut; tout fut passé au fil de l'épée. Le reste de cette peuplade sortit de la ville et fut conduite au bord de la mer, où elle fut mitraillée.

Josaphat a un joli port de mer, que j'ai parcouru souvent, après l'assaut. On commença d'établir des hôpitaux, des magasins. Le reste de l'armée était employé à donner la chasse aux tribus arabes qui nous harcelaient beaucoup. Après quelques jours, l'armée se met en marche vers Césarée, où l'armée passa la nuit. On y voit encore des débris de remparts au bord de la mer, que les anciennes croisades avaient détruits.

Le lendemain l'armée se dirigea sur un autre

village, petit port de mer, dont je n'ai pas retenu le nom, entre Césarée et Saint-Jean-d'Acre, distant de 5 lieues de la ville de Damas, à 3 lieues du fleuve du Jourdain. Jérusalem se trouve de l'autre côté du fleuve.

Le village de Nazareth est situé sur la rive droite. Après que l'armée fut arrivée sur cette direction pour y camper, Bonaparte avec son état-major prirent les dispositions pour faire le siége de Saint-Jean-d'Acre. Tandis que la division du général Kléber, gardait la rive droite du Jourdain, pour empêcher que le pacha de la province de Jérusalem ne vînt, avec un corps de 12000 hommes, nous prendre par derrière, pour empêcher le siége, on disposa les troupes pour commencer la première tranchée. On forma de suite des redoutes pour protéger les travailleurs. La première tranchée ouverte et praticable, on s'occupa de former la seconde ligne. On travaillait la nuit. Après que les troupes furent à couvert du retranchement, on força l'ennemi à se réfugier dans la ville ; les tirailleurs l'amusaient pendant la nuit ; immédiatement on ouvrit la troisième tranchée, qui se trouvait à portée d'un jet de pierre du rempart de la ville. On s'occupa à construire les batteries, pour battre en brèche. Après qu'elles se trouvèrent construites, et dans la nuit suivante, le général du génie Cafarelly, fait prendre les grosses pièces d'artillerie par des cables traînées par deux cents hommes sous un grand silence. Quand les pièces furent en batterie, on battit vivement en brèche le rempart. Pendant que tout se passait ainsi, l'ennemi s'occupait à ouvrir un fossé plein d'eau de la mer, entre le rempart et la ville, de deux cannes de largeur. Quand la brèche fut praticable, Bonaparte désigna 1500 hommes pour monter à l'assaut. A la pointe du jour cet ordre fut ponctuellement exécuté; mais pour la première fois, ils furent vivement repoussés par la mitraille et la fusillade des remparts de Saint-Jean-d'Acre, qui se trouvait situé sur des rochers, formant un coude dans la mer; ce qui fait que les bâtiments battaient à mitraille, le long des remparts. On établit pendant la nuit des batteries qui tiraient à boulet rouge sur les bâtiments, ce qui les obligea de se mettre au large; mais les bombes et boulets de l'ennemi labouraient le terrain. Un autre nombre d'hommes furent désignés pour monter de nouveau à l'assaut; mais le fossé d'eau les arrêta encore; enfin Bonaparte était furieux de voir périr tant de monde sans succès. Il s'aperçut que l'armée était rebutée, malgré que les comportes d'eau-de-vie et de vin ne manquaient pas, apportées par les habitants de la province. Ils nous disaient en arabe, *mafiche, acre, mafiche elehe,* c'est-à-dire, si nous n'avions pas Saint-Jean-d'Acre, nous n'aurions plus de pain.

Pendant que tout se passait comme il vient d'être rapporté, Bonaparte fait rétrograder la division du général Kléber, qui gardait la rive droite du Jourdain, distance de 3 lieues du camp qui se trouvait toute fraîche, et remplacée par d'autres troupes.

Etant donc arrivée au camp, Bonaparte désigna quelques jours après 1500 hommes pour escalader les remparts. Le lendemain à la pointe du jour, la colonne sortit du retranchment, et monta à l'assaut, munie d'échelles, de planches, pour jeter sur le fossé plein d'eau ; mais l'artillerie de la veille, qui avait pointé ses canons sur la brèche, taillait en pièces la troupe qui se présentait sur la brèche. La colonne encore fut détruite pour la troisième fois. On fait une nouvelle brèche à une tour qui était liée au rempart, étant presque démolie. Alors Bonaparte, ordonna au général du génie Cafarelly, d'aller reconnaître la nouvelle brèche. Vers la pointe du jour, il fut visiter la brèche, il fut atteint par malheur d'un boulet de canon qui lui emporta l'autre jambe. On le transporta à l'ambulance, mais il ne restait de son corps que le tronc; il mourut le lendemain de sa blessure; Bonaparte et l'armée perdaient beaucoup. Cependant le lendemain on désigna d'autres troupes pour remonter à l'assaut, à cette nouvelle brèche. A la pointe du jour, on monta à l'assaut, mais toujours sans aucun succès, de façon que tous les villages voisins étaient encombrés de blessés ou pestiférés. Le village de Nazareth était le plus encombré. Enfin on avait monté jusqu'à six fois à l'assaut, sans pouvoir réduire la place. Bonaparte était désespéré; il foulait son chapeau sous ses pieds; il voulait remonter lui-même, à la tête de la colonne; mais l'état-major lui représenta qu'il fallait lever le siège, qu'il était temps, attendu que l'armée était réduite aux trois-quarts de perte d'hommes. Alors, pendant qu'on se préparait à évacuer la place, et pour ne point donner à connaître à l'ennemi qu'on levait le siège, il fut ordonné une visite instantanée des blessés, et l'on retirait ceux qui se trouvaient capables de supporter la route; on servit la potion cordiale au restant des blessés, pour ne point les laisser tomber au pouvoir des ennemis, qui leur auraient fait supporter toutes les cruautés possibles. L'ordre fut aussi donné pour enterrer une partie des pièces de canon au camp. Tout le reste fut encloué ou brisé. Vers minuit on ordonna de faire de grands feux au bivouac, pour que l'ennemi ne s'aperçût de rien; ensuite le reste de l'armée évacua sous un grand silence. L'on fait monter les blessés sur des chameaux, sur des affûts de canons; à la pointe du jour l'armée et tout le bagage avaient fait plus de 4 lieues de la place.

Les Turcs, arrogants, vinrent après nous pour nous combattre; mais en plaine, ils ne brillaient pas; l'artillerie, la fusillade, les faisaient joliment battre en retraite, ils se contentèrent de nous hurler. Les blessés que nous emmenions nous faisant perdre trop de temps en route, on fut obligé de les jeter dans les fossés. Alors Bonaparte ordonna aux tirailleurs de mettre le feu partout, et bientôt une partie de la Palestine ou Syrie, était en flammes.

Après trois jours de marche, nous arrivâmes devant Josaphat; où l'armée passa trois jours pour s'y reposer, et y diriger ainsi le sort de nos blessés et malades, qui se trouvaient aux hôpitaux de cette ville. Les mêmes ordres furent donnés pour retirer des ambulances les moins blessés, disposés à supporter la route; et aux autres restants, on devait administrer la même potion cordiale; car en vérité, on en était embarrassé, et l'armée était très en peine pour se procurer le nécessaire, afin de repasser le désert. Après les précautions prises pour se remettre en route, on ordonna le transport des malades. A la pointe du jour, l'armée reprit sa marche; les chrétiens de Josaphat qu'on avait favorisés voulaient nous suivre en procession avec leur bannières, mais l'armée ne fait aucun cas d'eux; ils rentrèrent en ville, où ils furent tous massacrés par les Turcs. Le deuxième jour, l'armée arriva devant Gaza, où elle passa toute la journée, avant de repasser le désert; mais les fatigues supportées dans cette malheureuse campagne, firent que nous perdîmes beaucoup de monde en route, obligés de toujours voyager dans des sables ardents, nuit et jour. Enfin, c'était une confusion de sauve qui peut. Heureusement que je m'étais précautionné en rafraîchissements auprès des habitants turcs, avec la langue arabe, qui me facilita beaucoup. A force de redoubler de courage, on arriva à Kalié, village arabe, où l'on trouva de ur se rafraîchir. Le lendemain, après avoir ris de l'armée, on continua la route pour arriver au llage de Salayé de l'Egypte.

Après quelques jours de repos au village de Salayé,

nous prîmes la route pour aller rejoindre le reste de l'armée au grand Caire, et rentrer à nos anciennes garnisons.

Pendant que nous restâmes quelques mois en paix, Bonaparte, général en chef, prit de nouvelles dispositions, pour repasser en France, avec quelques généraux ses favorisés, et emporta le trésor de l'armée avec lui. Il était dû à chaque militaire six mois de paie. Son départ souleva beaucoup de murmures à l'armée. Alors le général Kléber prit, par son rang d'ancienneté, le titre de général en chef. Sous Kléber, l'armée se trouvait encore sans paie; elle se livrait à toutes les horreurs de la guerre, jusqu'à se porter à brûler les belles maisons des Mamelouks, qui se trouvaient abandonnées, pour vendre en ville tous les boisages à des propriétaires turcs. D'autres, qui formaient des bandes de nuit, on appelait la compagnie de la lune. Ils faisaient contribuer les habitants la nuit, et le jour ils se tenaient cachés dans de vieilles masures. On envoyait de fortes patrouilles, elles en faisaient autant. Quand le général Kléber vit tous ces désordres, il prit de nouvelles mesures, et établit de forts détachements de troupes avec des pièces de canon, suivies de commissaires français et turcs, pour parcourir les provinces, à l'effet de leur faire contribuer. Quand ce projet fut accompli et l'argent rentré à la caisse de l'armée, alors Kléber fait donner trois mois de paie à la fois, à toute l'armée, et le restant dû. Quinze jours après, Kléber fait une proclamation à l'armée, pour faire rentrer tout dans le bon ordre, et donna une amnistie générale.

Pendant que tout se passait ainsi, quelques mois après, il parut à l'embouchure du Nil une forte escadre turque, qui allait débarquer des troupes. Le général Kléber la laissa débarquer. Les ennemis s'étant emparés de la province de la basse Egypte, vinrent se camper à une lieue du grand Caire, au nombre de cent mille hommes, infanterie ou cavalerie. Alors le pacha à trois queues, frère du grand Sultan de Constantinople, qui commandait en chef l'armée turque, somma le général Kléber de se rendre prisonnier, lui et son armée. Le général lui répondit, qu'il se rendrait par capitulation, et non prisonnier. Toutes ces ruses du pacha n'aboutissaient qu'à amuser le général Kléber, qui avait pris d'avance toutes ses précautions. Il avait réuni toutes les troupes, écrivains, employés, tout prit les armes. On formait en tout un contingent de mille baïonnettes françaises. Le reste de l'armée avait péri par le feu ou par la peste; alors, vers minuit, le général fait former les carrés; entre les carrés, on plaça un matériel de pièces de canon, au nombre de cent. Après avoir distribué la munition nécessaire, eau-de-vie, biscuits, etc., l'armée se trouva à la pointe du jour, en face de l'ennemi. Une fusée fut le signal du combat. L'ennemi surpris, ne répondit que par quelques coups de fusil. L'artillerie hacha en pièces cette armée si arrogante qui voulait nous faire esclaves. Son arrogance fut changée et tristesse. Le reste de cette armée, fut poursuivie jusqu'à l'embouchure du désert, que nous le forçâmes à passer sans eau, ni vivres. Pendant que tout se passait de la sorte, les habitants des villages voisins coururent au camp de l'ennemi, pour s'emparer de toutes les dépouilles. Nous n'en fûmes que pour les fatigues; mais ils la payèrent plus tard. L'armée croyant revenir reprendre ses cantonnements au grand Caire, nous fûmes reçus par des coups de fusil des remparts de tout côté de la ville, et les portes barricadées. De suite le général Kléber fait cerner la ville de toutes parts, pour empêcher que rien n'entrât, et ordonna au commandant de la place, de la citadelle, de faire feu et flamme sur la ville. Une heure après, elle commençait à brûler; deux jours après, les habitants de la ville forcèrent les transfuges réfugiés de se rendre à l'armée française par capitulation. On la leur accorda, ils ouvrirent les portes de la ville, les troupes défilèrent entre deux rangs de notre armée, et déposaient bas les armes à feu, à mesure qu'ils passaient au nombre de deux mille hommes. Une fois désarmés, le général Kléber ne fut plus le maître de l'armée; ils furent dépouillés de tout, de leur argent et de leur bagage; ils furent ainsi conduits à l'embouchure du désert, et forcés de le passer sans vivres, sans eau, et ceux qui ne pouvaient pas suivre, on les fusillait. Deux jours après que le débris de l'armée fût passé, Kléber envoya à la découverte, les dromadaires auprès eux; ils rapportèrent qu'ils les avaient trouvés morts par piles. Alors le général fait faire contre-marche à l'armée, pour revenir sur le Caire ; il frappa la ville d'une forte contribution, pour la punir de nous avoir refusé l'entrée. Après cette scène, l'armée se livra à toutes les débauches, jusqu'à ce qu'ils n'eurent aucune ressource, parce que leur vie était en danger, et qu'ils comptaient pour rien l'argent. Alors, le général Kléber s'occupait de vouloir donner une fête en l'honneur de la bataille d'Héliopolis, remportée par nos troupes. Il fait distribuer à l'armée de quoi boire. Dans cet intervalle, les Turcs, le pacha à trois queues avaient passé le désert, avec son état-major, et résolut de solder grassement un déterminé brigand, du village d'Alep, en Syrie, pour venir en Egypte assassiner le général en chef français. Cet individu était porteur de lettres de recommandation pour des prêtres turcs, et d'autres grands de la ville du Caire. Quelques jours après le festin du général eut lieu. Tous les convives rendus, tout était en joie, et bientôt tout fut changé en tristesse. L'assassin, pour parvenir au crime qu'il avait conçu, escalada le mur du jardin, où il s'était embusqué pendant le repas. Le général sortit au jardin pour ses besoins, sans escorte. L'assassin sortit de son embuscade. Ce brave général, plein de valeur, et aussi expérimenté que Bonaparte, succomba sous le poignard d'un assassin turc.

Cependant voyant que le général ne rentrait point, on fut après lui, et on trouva l'assassin qui était occupé à lui couper la tête, pour l'emporter. On se saisit de lui; on le conduisit à la salle du festin, où il se trouvait des membres de la justice turque, qui empêchèrent de tuer l'assassin, et voulurent qu'il fût jugé par la justice turque. On commença de l'interroger en arabe, et après l'avoir fait boire et manger, il déclara tout, parce qu'on lui promettait la vie sauve. Au fur et à mesure qu'il déclarait quelques-uns de ses complices en ville, une forte garde partait pour les arrêter à leur domicile. Sur quatre complices qu'il déclara, il y en eut trois d'arrêtés; ils eurent la tête tranchée, en place publique, et l'accusé fut condamné à avoir les quatre membres trempés dans une chaudière d'huile bouillante, à chaque coin de rue. Lorsque le supplice fut accompli, il fut conduit hors la ville, pour y être empalé sur le bord du grand chemin : voilà le jugement des turcs. Après cet assassinat, l'armée se trouva encore sans général en chef. Immédiatement après cette scène, le vieux général Menou se présenta pour être général en chef en remplacement du général Kléber. Cette nouvelle nomination ne fut point au gré des autres généraux. La rivalité s'en mêla. Le général Menou, pour s'assurer la possession de l'Egypte, prit le parti de s'allier avec une jeune princesse, d'un chef d'arabes de la tribu de Damanour, province de la basse Egypte. Le chef de cette tribu reconnut au général Menou, trente villages pour dot, avec quinze mille Arabes, montés et équipés pour le service de son armée.

Pendant que tout se passait de la sorte, l'escadre anglaise se présenta près d'Alexandrie, pour y opérer son débarquement, au nombre de trente mille hommes. Pendant qu'il formait son camp retranché, notre armée se trouva en face de l'ennemi. La canonnade s'engage de part et d'autre, le général Menou, ordonna au colonel du régiment des dromadaires, fort de 1500 hommes, de charger le camp des ennemis. Sitôt qu'il vit l'action engagée, le régiment se lança sur le camp des ennemis. Déjà la première ligne des Anglais avait mis bas les armes, frappés à la vue de ces animaux; mais le régiment n'étant pas secondé par aucune autre troupe, ils furent obligés de battre en retraite. Le fait était que des généraux ne voulant pas servir sous Menou, laissèrent les divisions en bataille, l'arme au bras, sans aucun commandement, et exposés au canon de l'ennemi, qui profita du désordre qui régnait dans l'armée, perça notre armée et se divisa en deux colonnes. Une partie de l'armée fut obligée de rentrer avec le général Menou, dans Alexandrie, et le restant de l'armée opéra sa retraite sur le Caire, en suivant la rive droite du Nil. Arrivés au village de Raquamané, sur le bord du Nil, une division d'infanterie turque nous attaqua sur le flanc gauche; attendu qu'une partie de l'armée anglaise venait en plaine, à grands pas, pour nous couper la retraite. Heureusement que toute la plaine était couverte de blé très sec, que l'armée traversait. Notre général Belliard ordonna à l'artillerie, de jeter des obus pour incendier cette plaine immense, et pour rendre cette flamme plus vive, un grand vent s'éleva de plus fort dans toute cette plaine. Alors l'ennemi voyant tout ce beau fait d'armes, battit précipitamment en retraite, et il eut toute la peine possible à se débarrasser des flammes. Alors il ne nous restait qu'à battre la division turque, qui, après un rude combat, se retira en désordre, et nous continuâmes notre retraite, sur la citadelle du Caire. Nous avions déjà gagné, près de quatre lieues sur l'armée anglaise, alors nous nous vîmes hors de danger d'être pris. Nous faisions notre retraite sans inquiétude; les habitants des campagnes voyant avec grande peine, notre déroute, portaient tous les secours possibles à nos blessés. Pendant cette campagne, les villes et villages gardèrent leur neutralité, et nous rentrâmes dans la citadelle; en attendant de nouveaux arrangements.

Deux jours après, l'armée anglaise vint camper près la ville, à l'effet d'insurger les habitants contre les Français; à force de manœuvres, ils y parvinrent en nous menaçant de nous prendre d'assaut; mais la citadelle était munie de vivres pour six mois, et armée de fortes pièces et de mortiers, fit bientôt un feu terrible, à boulet rouge, et lançant des bombes sur la ville, les quartiers en entier étaient enflammés.

Le lendemain matin, il se présenta douze ôtages les plus riches de la ville pour demander grâce pour la ville, en disant qu'ils engageraient les Anglais à faire un arrangement avec les Français. On renvoya le douzième, et on retint les autres prisonniers. Le douzième était porteur de la lettre du général dont voici la substance : Nous voulons et entendons de capituler avec les honneurs de la guerre, sans cela, la ville sera réduite en cendres. Il se passa vingt-quatre heures sans aucune réponse; alors le feu commença beaucoup plus fort que jamais. L'alarme était en ville. Vers les dix heures du matin, il arriva douze autres ôtages, qu'on reçut comme la première fois, rapportant la conférence que la ville avait eue avec les Anglais, en nous disant qu'ils consentaient à nous laisser passer en France, sans armes ni bagages. Le général renvoya le douzième en faisant savoir à la ville, que si les Anglais n'acceptaient pas notre demande, ils allaient leur tomber dessus, conjointement avec les Français. Cette ruse réussit très bien, car les Anglais avaient plus de peur que nous. Enfin il fut conclu que les trois nations nommeraient chacune un commissaire, pour aller visiter à Alexandrie, les bâtiments anglais, pour s'assurer s'il y aurait assez de vivres pour traverser la mer. Quinze jours après le traité de paix, les Français descendirent de la citadelle, Anglais, Turcs et Français, tous ne formaient qu'une seule patrie, on se portait un respect amical. Lorsque le temps fut arrivé pour embarquer, les Mamelouks et les Anglais nous accompagnèrent jusqu'à notre destination, avec tous les honneurs de la guerre. On embarqua vers la fin de décembre, sur des bâtiments de la Compagnie des Indes. Nous eûmes en route des coups de vents très violents. Pendant notre traversée, nous fûmes en danger de périr. Après deux mois de traversée, nous arrivâmes au lazaret de Marseille, pour y faire notre quarantaine, vu qu'il n'existait point de maladie pestiférée. On ouvrit le lazaret, et entrés en ville quelques jours après, le débris de cette armée reçut les ordres de départ, pour faire partie de l'armée du Nord. Un grand nombre de sous-officiers reçurent les ordres par suite d'un décret du premier consul Bonaparte, pour être dirigés sur plusieurs départements de l'empire, afin de compléter la gendarmerie. Croyant leur accorder quelque grâce, et se trouvant dés licenciés de l'armée en 1814, habitué sans relâche, à servir sa patrie, il passa dans la branche de l'instruction publique, quand les événements des cent jours arrivèrent. Il reçut un ordre du commandant le département, par lequel il lui ordonnait de se rendre à ses ordres, pour y reprendre les armes, comme ancien militaire, et lui ayant témoigné son impossibilité par suite de ses blessures, il continua la carrière de l'instruction jusqu'à ce jour. L'auteur de ce mémoire a toujours contribué à toutes les scènes qui se sont passées pendant les quatre campagnes dans cette malheureuse armée d'Egypte et Syrie.

OBSERVATIONS.

Traversée de mer contre les tempêtes des îles, prises d'assaut. — Débarquement périlleux des bataillons carrés. — Passage du fleuve du Nil. — Villes capitales. — Provinces soumises. — Passage du désert, parmi des sables ardents avec privation d'eau. — Villages barricadés pris à la bayonnette. — Villes de la Syrie prises d'assaut. — Peuplades mitraillées par le canon, après être soumises. — Levée de siège, par des cas imprévus, faute de secours. — Incendies pendant la retraite des blessés transportés et abandonnés dans les fossés. — Empoisonnement des blessés et pestiférés, après les avoir reconnus incapables de guérison. — Villes insurgées réduites par le canon. — Généraux assassinés par suite des victoires remportées. — Capitulations avec les honneurs de la guerre, contre les intentions du vainqueur. — Transport en France par suite du traité de paix contracté au Caire, par les trois nations, réduites et renfermées dans un lazaret, en cas de maladie pestilentielle. — Au bout de quarante jours de détention, l'armée fut mise en liberté, et logea en ville, en attendant une nouvelle destination pour faire partie de l'armée du Nord, et venant de quitter un climat chaud, pour passer à un froid. — Fin de ces campagnes.

PREMIÈRE PARTIE
DE LA
LANGUE ARABE
SUR LA
CRÉATION DU CIEL ET LA TERRE, LA MER.

Quand les mots commencent par un K et un R, il faut les prononcer du gosier et desserrer les dents.

Sems. . . . . le soleil.
Madré. . . . . la lune.
Tim. . . . . la terre.
Maré. . . . . la mer.
Barquoute. . . . . bâtiment.
Samac. . . . . le poisson.
Ragaél. . . . . . . l'homme.
Goualét. . . . . . jeune homme.
Marra. . . . . . . femme.
Yabente. . . . . . jeune fille.
Yagous. . . . . . . vieux.
Yagouse. . . . . . vieille.
Maugaric. . . . . manger.
Echarop. . . . . . boire.
Quénouq. . . . . beaucoup.
Nam. . . . . dormir.
Mous choues. . . malade.

Gout de.	tiens ça.
Mounaquere.	le nez.
Rabby.	mettre.
Erme de.	lâche ça.
Igri.	marcher.
Delouate.	de suite.
Gammous.	le bœuf.
Engéil.	la chèvre.
Ausan.	le cheval.
Yomar.	l'âne.
Chamour.	le chameau.
Kansir.	le cochon.
Emchel.	le mouton.
Quélp.	le chien.
Octe.	le chat.
Asfar.	la souris.
Guibenné.	le fromage.
Seims.	du beurre.
Mééle.	du sel.
Tom.	d'ail.
Kal.	du vinaigre.
Gout balach.	je te donne ça.
Bassal.	oignons.
Cromp.	les choux.
Loubié.	haricots.
Kachap.	du bois.
Kassoure.	couper.
Narre.	le feu.
Moullé.	de l'eau.
Yam.	le jour.

Elnarde.......	le soir.
Magret.......	le matin.
Bacamde......	combien ça.
Saà........	une heure.
Nous yam......	midi.
Boucre.......	demain.
Boucre-bédre....	après-demain.
Taip........	c'est bon.
Moustayep.....	c'est mauvais.
Couis.......	c'est joli.
Malbrouq......	du fil.
Yomar.......	du rouge.
Echouét......	du noir.
Abiat.......	du blanc.
Alsout.......	au marché.
Bés, bés......	assez, assez.
Dras........	toile.
Mandil.......	mouchoir.
Marquoute.....	les souliers.
Bournétte.....	le chapeau.
Séquin.......	le couteau.
Filous.......	de l'argent.
Bacam char.....	combien de mois.
Parra........	monnaie ou sous.
Bacom seimi....	combien d'années.
Quittir.......	beaucoup.
Mesquin......	pauvre.
Kibir........	riche.
Sultan.......	monsieur.
Sultane.......	madame.

Yasidi	mon ami.
Ente tayep?	vous vous portez bien?
Talle ménéne.	viens ici.
Nous séranne.	chrétien.
Farde.	pardon.
Ente.	toi.
Matrafché.	n'ayez pas peur.
Yakol de.	assieds-toi là.
Ya cros.	tais-toi.
Frac.	une poule.
Acteri.	acheter.
Béét.	des œufs.
Balla.	fruit.
Amam.	pigeon.
Jamam.	tourterelle.
Asfour.	moineau.
Aiche.	du pain.
Gam.	du blé.
Foul.	des fèves.
Tébén.	de la paille.
Gouaraga.	du papier.
Gué rét.	écrire.
Gombar.	les bombes.
Matafa.	le canon.
Ben doukai.	le fusil.
Baroude.	la poudre.
Séif.	le sabre.
Nabout.	bâton ferré.
Asquar.	soldat.
Francaouc.	Français.

Baba.	père.
Tayep.	très bon.
Mama.	mère.
Efta albet.	ouvrir la porte.
Arrame.	voleur.
La mafiche.	je ne veux pas.
Chamata.	frapper fort.
Ane cassoure.	je vais enfoncer.
Arob béné.	ah! mon Dieu.
Ane Yamout.	je suis mort.
Farde.	pardon.
Salaounat.	priez Mahomet.
Almassera.	à la ville.
Albellat.	au village.
Anc fitalle.	je vais revenir.
Délouatte.	de suite.
Minoq.	à droite.
Chamalek.	à gauche.
Roua.	partez.
Karra.	faire ses besoins.
Malaga.	une lieue.
Malatra.	une cuiller.
Yalla.	allons.
Esbour chaic.	attends un moment.
Rocte.	une livre.
Doukan.	tabac.
Astéri.	acheter.
Bisoua.	vendre.
Kaffa.	du café.
Kafir.	infidèle.

Echarop.	boire.
Laban.	du lait.
Tim.	des figues.
Agrap.	raisins.
Agret.	grenades.
Esmoué de.	comment s'appelle ça.
Ibrahim.	Abraham.
Osmallé.	Auguste.
Arrachit.	Rosette.
Damiata.	Damiette.
Escandarie.	Alexandrie.
La facta.	la soupe.
Ros.	du riz.
Limbit.	du vin.
Arragi.	d'eau-de-vie.
Yabibi.	mon ami.
Yaquouyaé.	mon frère.
Niquaniq.	un baiser.
Gouarini de.	voyons ça.
Baquatre.	ça m'est égal.
Gouarini.	regarder.
Dam quitir.	beaucoup de sang.
Cassour soubre. . .	baptiser ou circoncire.
Ente magenou. . . .	tu es fou.
Affrit.	démon.
Ya cros.	ne parlez pas.
Marassinue.	bougre.
Quataqual balou. . .	mauvais sujet.
Tecbir.	Dieu peut tout.
Ezan.	à la prière.

Salaounat. . . . . . . Dieu bénit Mahometh.
Futuaus. . . . . décision des Muphtis.
Le Raouza. . . . . . où Mahomet est enterré.
Le bismillah. . . . . prière au repas.
Sahabas. . . . . . . les amis de Mahometh.
Elras. . . . . la tête.
Char. . . . . les cheveux.
Gouanna. . . . . . . l'œil.
Gouadéna. . . . . . l'oreille.
Dras. . . . . le bras.
Becdenna. . . . . . le ventre.
Réiglec. . . . . . . le pied.
Salomente. . . . . . bonjour.
Arcap. . . . . monter.
Garmoute. . . . . . femme publique.
Houalla mafiche. . . ce n'est pas vrai.

DEUXIÈME PARTIE.

L'Ecriture arabe se trace à l'opposé de l'Ecriture française, c'est-à-dire de droite à gauche.

Pour compter en arabe, on dit ainsi : un-dix, un-vingt, un-trente, un-quarante, un-cinquante, un-soixante, un-septante, un-huitante, un-nonante, un-cent..... mille..... million..... comme il est marqué à la table suivante.

Gouate............	1	Gouate acherim.....	21
Ectenen..........	2	Ectenen id........	22
Talate............	3	Talate id.........	23
Arba.............	4	Arba id..........	24
Kamci............	5	Kamci id.........	25
Septe............	6	Septe id.........	26
Saba.............	7	Saba id..........	27
Tamani...........	8	Tamani id........	28
Tesse............	9	Tesse id.........	29
Achara...........	10	Talatim id.......	30
Gouate achara.....	11	Gouate talatim....	31
Ectenen id.......	12	Ectenen id.......	32
Talate id........	13	Talate id........	33
Arba id..........	14	Arba id..........	34
Kamci id.........	15	Kamci id.........	35
Septe id.........	16	Septe id.........	36
Saba id..........	17	Saba id..........	37
Tamani id........	18	Tamani id........	38
Tesse id.........	19	Tesse id.........	39
Acherim..........	20	Arbaim...........	40

Gouate arbaim	41	Septe sabaim	76
Ectenen id	42	Saba id	77
Talate id	43	Tamani id	78
Arba id	44	Tesse id	79
Kamci id	45	Tamanim	80
Septe id	46		
Saba id	47	Gouate tamanim	81
Tamani id	48	Ectenen id	82
Tesse id	49	Talate id	83
Kamcim	50	Arba id	84
		Kamci id	85
Gouate kamcim	51	Septe id	86
Ectenen id	52	Saba id	87
Talate id	53	Tamani id	88
Arba id	54	Tesse id	89
Kamci id	55	Tessaim id	90
Septe id	56		
Saba id	57	Gouate tessaim	91
Tamani id	58	Ectenen id	92
Tesse id	59	Talate id	93
Septim	60	Arba id	94
		Kamci id	95
Gouate septim	61	Septe id	96
Ectenen id	62	Saba id	97
Talate id	63	Tamani id	98
Arba id	64	Tesse id	99
Kamci id	65	Mic fate	100
Septe id	66		
Saba id	67	Gouate mic	1 cent.
Tamani id	68	Ectenen id	2 cents.
Tesse id	69	Talate id	3 cents.
Sabaim	70	Arba id	4 cents.
		Kamci id	5 cents.
Gouate sabaim	71	Septe id	6 cents.
Ectenen id	72	Saba id	7 cents.
Talate id	73	Tamani id	8 cents.
Arba id	74	Tesse id	9 cents.
Kamci id	75	Elf	1 mille.

Gouate elf.....	1 mille	Gouate mic elf.	1 c mille.
Ectenen id.....	2 mille.	Ectenen id. id. .	2 c. mille.
Talate id.....	3 mille.	Talate id. id. .	3 c. mille.
Arba id.......	4 mille.	Arba id. id. . .	4 c. mille.
Kamci id.....	5 mille.	Kamci id. id .	5 c. mille.
Septe id......	6 mille.	Septe id. id. . .	6 c. mille.
Saba id......	7 mille.	Saba id. id. . .	7 c. mille.
Tamani id.....	8 mille.	Tamani id. id. .	8 c. mille.
Tesse id......	9 mille.	Tesse id. id. . .	9 c. mille.
Achara id.....	10 mille.	Achara id. id. .	10 c. mille ou million.
Acherim elf....	20 mille.	Gouate mic elf.	11 millions.
Talatim id....	30 mille.	Ectenen id. id. .	12 millions.
Arbaim id....	40 mille.	Tatate id. id.. .	13 millions.
Kamcim id ...	50 mille.	Arba id. id.. . .	14 millions.
Septim id.....	60 mille.	Kamci id. id. .	15 millions.
Sabaim......	70 mille.	Septe id. id. . .	16 millions.
Tamanim id.,..	80 mille.	Saba id. id.. . .	17 millions.
Tessaim id. ...	90 mille.	Tamani id. id. .	18 millions.
Mic elf faita. ..	100 mille.	Tesse id. id. . .	19 millions.
		Achara id. id. .	20 millions.

www.ingramcontent.com/pod-product-compliance
Lightning Source LLC
Chambersburg PA
CBHW060526050426
42451CB00009B/1187